JN436582

문학사랑시인선 059

어머니의 수채화

곽우희 시집

오늘의문학사

국립중앙도서관 출판시도서목록(CIP)

어머니의 수채화 : 곽우희 시집 / 지은이: 곽우희. -- 대전 ; 오늘의문학사, 2018
p. ; cm. -- (문학사랑 시인선 ; 059)

ISBN 978-89-5669-889-2 03810 : ₩15000

한국 현대시[韓國現代詩]

811.7-KDC6
895.715-DDC23 CIP201800190

어머니의 수채화

■ 시인의 말

등단 삼십년에 첫 시집 펴내고

주춤거리다보니 오년 훌쩍 갔다.

해질녘 저녁연기에 시장기 휘돌면

생식하듯 주섬주섬 시집에 담는다.

1부 하얀 싸리꽃 속에

2부 묻어둔 불씨

3부 섬들의 숨바꼭질

4부 흐르는 물이듯

1부

하얀 싸리꽃 속에

부엌에도 뒷방에도 어머니 행주치마가 없다
어머니는 동구 밖에 계신다
어머니는 행주치마에 당신의 발길을 담아 놓으셨다.

그날에

튕기고
잡아당김은
호사스러움이었다

선택의 여지가 없는
막다른 길

절벽이든
수렁이든 가야만 했던 날

그날에
아이들은 꼭 잡은
엄마 손을 놓았다

돌아올 날
기약도 없이
잡은 손을 놓았다

어머니의 새벽

잠결에
어머니의 숨소리가
들린다

잠을 놓은 지 한참이듯
어머니 몸 뒤척이는
소리가 들린다

아직 닭이 홰를 치며
목청을 돋우기엔
기다림의 시간이 있었나보다

저 모습으로
새벽을 기다림은 딸의 곤한 잠
흔들지 않음이다

기다리지 않아도 오는 여명
깊은 꿈속에 잠긴 듯
벽을 향해 고개를 돌렸던 나

내가 어머니가 되고나서야

어머니를 향한
그리움의 눈물 흘리고는
어머니의 마음도 받아서
어머니의 길을 가던 새벽

치성동 겨울밤

텅 빈 들녘 헤매던
허기진 바람
밤새 창문 뒤흔들고
채울 길 없는 배고픔에
문풍지 흔들어 울렸던 바람
잠시 지친 듯 조용하고

텃밭 뒤 오동나무에
부엉이 울면
으스스 떨리고 무섭던 밤
어머니 젖가슴에
살며시 손을 얹으면

잠결에도
끌어안으시던 어머니
치성동 겨울 밤

* 치성동 : 충북 옥천군 금구리(음지기와) 우리 집안이 불렀던 고유명사

첫눈 오는 날의 모녀

밀려오는
초저녁 잠을 깨우는
첫눈이 내린다

첫눈 치고는
많이 내리는 눈발에
창문을 향한
어머니의 걱정이 태산이다.

제법 쌓이네
아침길이 미끄럽겠네
텃밭에 배추 다 얼겠네
어머니의 발길이 밖을 향한다

어머니와 똑같은
모습으로 창문을 향한 내게
설레임이 달려온다
넘어져도 미끄러져도 좋으니
펑펑 내려 쌓이려므나

어머니의 수채화

황옥을 뿌린 듯 금빛 출렁이는
가을들판에서
나는 어머니의 수채화를 훔친다.

포성이 삼천리강산을 진동하고
폭음이 배달 삼천만을 울렸던
동란의 그해 늦가을

동족상쟁의 비극 속에
일손이 부족한 가을의 농가는
무섭도록 분주했다

새벽 일찍 일어나신 어머니
부석부석한 얼굴에 수심을 가득 담은
모습으로 꼭두새벽에 말씀 없이 나가셨다
온종일 기다려도 소식 없으신 어머니

어둑어둑 땅거미 들며 동란의 공포가
늑대를 만난 듯 으스스 한데 들어오신 어머니

두 덩이의 곡식 자루가 쓰러지듯 놓인다
아무도 선뜻 말을 하지 못하고 우두커니
서 있는 식구들을 보는 듯 마는 듯
혼자 말씀이듯 어머니는 나쁜 사람들
한 마디 던지시고 누에처럼 맨바닥에
몸을 맡기신다

얼마간 침묵이 흘렀다
그래도 부부의 정인지
가장의 아픈 가슴인지
어머니의 자리를 편하도록 만드시는 아버지

그 밤이 그렇게 지나고
어머니의 혼미한 신음에 눈을 뜬 아침
눈 앞에 벌어진 아찔한 전경
어미가 그린 그림이지 맥 놓은 알쏭달쏭한
그 말씀에 고개를 돌려야만 했던 내가 아닌가

훔쳐볼 수도 없었던 어머니의 수채화

시 오리 길에 곡식을 두 덩어리로 만들어
옮기고 옮기며 왕복을 하셨으니 마음 아픔은
뒷전이고 목인들 오죽 아팠으며 걸음 걸음은
얼마나 휘청이며 오셨을까 짐작하고도 남음이 있다
이념이 요동치는 난중의 난을 홀로 겪으셨던 어머니
값을 계산할 수 없는 세상 으뜸의 수채화
이제는 마음껏 훔치는 내 어머니 수채화.

아버지

아버지
세상길 뜨시던 날은
마냥 슬프기만 했다

울음만이
슬픔을 막아주는
방패이듯 울었다

보고 싶은
아버지를 볼 수 없다는
슬픔에 눈물이 쏟아졌다

효도가 무엇인지
어렴풋한데
그렇게 가셨다

아버지는
여운을 남기고
그 길을 가셨다

하얀 싸리꽃 속에

싸리꽃 하얗게 부풀고 있다
하얀 싸리꽃 속에
내 어머니 모습을 본다

지난 늦여름 장마 속에
달려온 가을 앞에서
풀기 먹은 모시 옷 손보시던
뒷모습.

싸리 꽃 하얗게 부풀고 있다
싸리꽃 하얀 속에
내 어머니 모습을 본다

주섬주섬 모시 옷 들추시며
거칠은 손끝에
행여 한 올이라도 상할세라
조심스럽던 그 모습

싸리꽃 하얗게 부풀고 있다

싸리꽃 하얀 속에
내 어머니 모시치마 적삼이
풀기 먹고 한 올 한 올 일어선다
하얀 꽃송이로 피어난다

하얀 싸리 꽃 속에.

어머니 행주치마

부억 앞뒷문 열리고
광문까지 열렸다

어머니의 봄이 왔나보다

부엌에 어머니 행주치마가 없다
어머니는 집 가까이 계신다

뒷방에 어머니 행주치마가 없다
어머니는 동네 안에 계신다

부엌에도 뒷방에도
어머니 행주치마가 없다

어머니는 동구 밖에 계신다

어머니는 행주치마에
당신의 발길을 담아 놓으셨다.

알쏭한 길

열다섯 어린나이
꽃가마 타셨던 어머니
팔십여 세월 정든 이승
저승가마 타시던 날

내겐
이승과 저승 구별
희미했다.

저승의 아버지가
오신 것도 같고
이승의 어머니가
가신 것도 같던 알쏭한 길

어머니, 아버지 곁으로
가시던 길
저승의 아버지 장가드신 듯
이승의 어머니 시집가신 듯
먹먹하던 길.

식은 밥

칠월의 땡볕이
중천을 넘어
갸우뚱
서산을 넘보는데
어머니
서먹한 표정

퉁퉁 불은 식은 밥
뒤적이시며 말씀하신다
감주나 만들까
엿기름 어디 있더라
혼자의 말씀이시다.
식객을 기다리던 식은 밥
오늘은 식객이 없었나 보다.

육이오 동란의 뒤끝
휴전이라는 상황에
걸인이 많았던 날에
어머니의 식은 밥.

보낼 수 없는 사람

보낸다
보낸다 하면서
세월만 보냈다

아직은 거리를 두고 싶다.

보낼 수 없기에
점점
다가서는 사람.

아직도 보낼 수 없는 사람.

또 오리다

겨울 풍세가
너무나도 요란했기에
때 이른 걸음인 줄 알면서도
올라왔습니다.

지난 가을 그대로 갈색이불.

봄햇살 맞으려
피어나온 어린 제비꽃잎
보고 갑니다.

봄꽃들 웃고
새들이 노래하는 날
아이들이 놓고 간 용채 들고
또 오리다.

사람

잊을 수 있을까
그 소리
지울 수 있을까
그 모습

비바람도
풍랑도
떠밀지 못한
사람을.

세월이다

살갗에 찰싹 붙은
끈적끈적한 무더위가
감각을 마구 흔들고 있다

계절이 보내는
보양식에 눈물 돌린 막내가
닭값이 너무 비싸단다

어울리지 않는 막내 걱정

웃고만 있기엔 민망해서
소도 돼지도 다 올랐는데
닭인들 잠잠할 수 없었겠지

그래도
닭은 서민이 먹는 보양식인데
올라도 너무 올랐단다

먹방에 취미 삼고
살림 맛에 익어 있는 큰애가
넌지시 몇 마디 건넨다

알뜰한 살림 메시지

가슴이 찡하다
물정에 어둡던 내 아이들
세상 돌아감에 눈떴다

긴 세월이다.

푸른 꿈

청보리 푸른 꿈
바람에 익어가고
가득 가득 물 가둔 논에
물결이 곱다.

계절풍이듯 찾아와
뼛속까지 울리는 사연에
엄마의 아픔을 달래는
특효약은 시골 들녘 풍경임을
큰애는 알고 있다.

상큼한 푸른 바람
정감 가득한 들길을 달린다.
그렇게 한참을 가야만
그 아이의 시골 시댁이다.

칠남매가 우루루 크고
그 뒷바라지를 낙으로
한생을 보내셨던 그분들의 거처
큰애가 일복을 입고 호미를 든다.

호미끝으로 푸른 꿈을 심는다
꽃꿈을 심는다
뒷모습이 아름답다.
그 모습에 나는 상처를 묻는다

푸른 꿈 바람이 가슴을 파고든다.

막내의 출근

하나의 건축물
설계 도면을 끝내기에
야근까지 하는 막내

그 막내가
언제 들어왔는지 모르고
약에 취한 엄마는 잠들어 있었다

아들이기를
은근히 원했던지
딸이라는 소리에 웃으며

아들 주가(株價)가
상한가라며 아들손 잡고
호탕하게 웃었다

유난히도 아빠를
많이 닮은 막내는
끊고 맺음이 확실했다

여자라고
야근에 빠질 수 없다며
사내 같은 모자 쓰고 출근하는 막내

그 봄의 분가

첫딸아이 첫돌이 지난
그 이듬해 이월의 마지막 날
분가하니 첫 살림의 시작이다

결혼 삼년을 막 넘어선 분가
은행동 후생주택의 문간방은
어찌나 추웠는지
그 생각엔 지금도 스며든
한기가 발진을 부른다.

아무리 십구공탄 빨간 불꽃이
제 몸 태워도 온기는 신통치 않았고
사람의 체온 덕을 보려하니
아장아장 걸음을 옮기던 아이는
어미 젖가슴에 손을 넣고는
두려운 눈빛으로 걸움을 멈추던 방

분가라는 명분으로
쫓겨난 듯한 서글픔에
울컥울컥 눈물이 나던
그 봄의 분가.

기다림

엄마의 자리에 선 지도
어언 오십여 세월

처음으로 한 송이 카네이션조차
꽂아보지 못한 어버이날이다.

딸들과 사위들
인사가 카톡에 뜬다

며늘아이 전화를 끝으로
올해의 어버이날이 가는 건가

저녁 노을빛 고운데
아들의 메시지가 없다

생업 따라
나날이 분주한 아이들

세월 가도
놓을 수 없는 끝없는 기다림.

택배

끊어질 듯
이어진 명줄이듯
아주 미미하게

명품으로
엮인 듯한 물품은
어미에게 보낸다

아이들은
어미의 명줄을
아는지 모르는지

오늘도 받아든 택배.

여름방학

며칠 전
여름방학이라며
귀국한 작은 딸

그 아이
생활 습성에
우리 가족은

낮은
밤이 되고
밤은
낮이 된다.

2부

묻어둔 불씨

세월 먹은 사람은 늙고 의자는 낡았다
노파도 의자도 버리고 달아난 세월
의자엔 폐품 딱지 노파는 약 딱지로 갈라놓았다.

낙엽제

꽃 사랑
첫사랑이듯 보내고

새잎 맞아
긴긴날 정으로 살았건만

차오르는 이별 약속
낙엽제를 지낸다

사랑으로 타오른 불꽃
사랑을 남기고

이별은 정을 놓고 가는
낙엽제.

하얀 휘파람

지평선 보이는
하얀 들길을 걷는다
누렇게 늙어버린 억새도
눈발에 희뜩인다

제법 굵직하게 내린다
소복소복 쌓이는 함박눈

억새가 하얗게 빈들을 날린다

발길을 재촉하며
하얀 밤을 맞으려 간다

달빛 자태 눈에 차고
빈들의 청아한
하얀 휘파람의 밤.

모정

아이가 운다
어미가 급하게
옷섶을 열고
속살을 드러낸다

아이는
흐느끼며
벌컥 벌컥
젖을 넘긴다

어미에게도
보이지 않던 속살
끄집어내는
모정

송홧가루

지난 밤 오는 비에
우루루 몰려온
뒷동산 송홧가루
노란 자화상 그려놓았다

겨우내
움츠린 가슴에
그려지는 꽃그림

푸른 솔잎 붓으로
송홧가루 노랑 물로
뒷동산도 그린다
꽃그림을 그린다.

기우제

봄꽃 흐드러지게
피었다 지는데

목마른 대지의 갈증에
타는 가슴 달래려
기우제를 지낸다

목련꽃 봉오리
백조이듯 나래 펴니
시샘이냐 기우제냐

내리는 빗낱

불씨

봄꽃 피어나듯
그리움 피어난다

고운 정 그리움
꽃비로 고이 적셔

목마름을 달랬건만
가을 비바람에

색색의 그리움이
들썩인다

다독다독 묻어둔 불씨.

가을

늦가을 필요 없는 비가
참하게 내리고 있다.
봄부터 햇살이 이루어 놓은
풍경을 본다.

햇살은 간간히 비바람 꼬드겨
여름의 초록물 만끽하고는
가을을 불러 매혹적으로 뒤섞인
풍광을 보게끔 한다.

노란 은행잎 곰삭음에 흠씬 젖고
까탈스러운 모습의 단풍잎
타들어가는 정열에 빨려들어간다.

오는 비 가고 나면 가을은 어디로 가나.

이 행복의 아침

밀려오는 거친 물살에
긴긴밤 허우적이며
시달린 아침

겨우 겨우 눈을 뜨니
얼마나 몸부림 쳤는지
밤새 반 바퀴 돌았나 보다.

모진 밤 뒤끝인지 시장기 달려온다.

탐스럽고
오동통한 바나나 곁에
새빨간
사과토끼 나란히 앉히고
부침개 두어 점 모아 놓으니
뒤따르는 한 잔의 차향.

색향도 일품이고
맵시도 일품인 먹음직한 식단
이 행복의 아침.

금강의 소리

눈부신 계룡산 단풍 숲에
귓바퀴를 맴도는 소리

백제를 잉태하고 백제의 얼이
현해탄 건너는 소리 들린다.

금강의 소리.

찬란했던 백제의 문화
자랑스럽던 우리들 조상
비단을 펼친 듯 펼쳐진다
구슬을 꿰듯 꿰어진다

계룡에 바람이 분다
기름진 계룡에 황금물결
충청이 살찌는 소리 들린다.

금강의 물결에 충청의 기백 뜨고
함성이 들린다.

금강의 소리.

운명의 벗

고독을 운명이듯
타고 가는 사람에겐
하늘의 별도 친구가 된다

하지만
별이 뚝 떨어지며
어깨동무 하자하면
단호히 거절할 거다

이미 외로움에
익숙해 있고

운명이듯
석고처럼 굳어진 고독

유일한 운명의 벗.

서산 나그네

한여름
긴긴 해
서산에 걸렸다

한살이
부귀영화
뜬구름이네

인생길
나그네길
서산 나그네.

동짓날 긴긴밤

한낮의 싸늘한 햇살
높이 떠 있던 시간도 짧았지만
동지 추위의 기세는 확실했다

밤의 낌새를
일찌감치 알아차린
바람이 일어서고 있다

바람의 발자국이 빨라지고 있다
바람이 막말을 쏟아내며
무언가를 쥐어뜯고
할퀴는 소리 요란하다

날이 밝으면 동짓날 긴긴밤
모질게도 뜯긴 상처에
도도한 햇살 더욱 싸늘하겠다

눈보라 거리

눈이 내린다
바람이 분다

짜증에 겨운
가로 등불 희미하다

행인 뜸한 밤거리

눈보라가
가로등 뺨을 마구 때린다
지겹도록 때린다

불빛 희미한 눈보라 거리

뛰쳐나가고 싶다
고래고래 소리치며
휘젓고 싶은 충동

불빛 희미한 눈보라 거리

물결

바람을
만난 물결이
연주를 한다.

촛불도
태극도
물결은
파도를 연주한다.

고향길

입덧
시달린
나무에
속잎 피어나면

그리움
곰실곰실
가고픈 곳
풀꽃 물고 놀던 길.

고향길
사십 리.
풀꽃 물고 놀던 길.

뿌리

오가는 길
발길에
수없이 채이고
살점 뜯겨도

횃대를 탄
닭발이듯
움켜쥔 흙

뿌리는 또 다른 나무에
발이 되고
손이 되나보다.

잠드소서

봄 햇살
푸른 바람
솔향기 마시며
편히 쉬소서

연둣빛 잔디
진달래 고운 이불
산새들 노래잡고
편히 잠드소서.

딱지

긴 세월 몸담고
뭉개며 함께한 의자가
장마 비에 젖는다

세월 먹은 사람은 늙고
의자는 낡았다

노파도
의자도 버리고
달아난 세월

의자엔 폐품 딱지
노파는 약 딱지로
갈라놓았다.

3부

섬들의 숨바꼭질

농부가 사랑했던 땅에도 계절은 겨울잠 졸음을 내린다.
허리 꺾인 억새풀이 자장가
어석이며 하얀 안개를 피운다.

산수유

겨울이
늦잠을
자는가 싶은데

산수유
꽃잎 깨어나
봄 햇살 쪽쪽 빨아
꼭꼭 씹어 삼키니

산수유
꽃동네
노란 잔치 풍성하겠다.

다듬이 소리

봄의 기지개에
겨울 눈물
뚝뚝 떨어진다.

벌써 부지런한
아낙의 다듬이 소리
봄을 알리고 있다.

봄의 교향곡 연주하는
타악기 다듬이 소리.

겨울 털고 일어서니
청아함 울려 퍼진다.

해오름

음악이 조용히 흐르고
커피 향 은은한 찻집
벽시계의 은침은
정오를 넘어 섰다

자주는 아니지만, 가끔
그와 내가 마주 앉았던 자리
혼자 있자니
울컥 설움이 치받는다.

얼마쯤일까
엄마 소리 연발하며
들어서는 아이들
서러움 녹이는 해오름.

야영화

지난여름 정성으로
가꾸던 야영화

결 고운 비단옷 단정한
양반가 규수 같았다

가을 오며 구석으로
내몰린 야영화

겨울 무심했던
내게 반갑게 달려온다

창밖엔 봄을 맞는
이슬비 참하게 내리고

야영화 고운 자태
보이는 듯 선한데

찻잔 넘나드는 향기
가슴 설레임은

벌써
꽃사랑
하고 있나보다

섬들의 숨바꼭질

바다에
섬들의 숨바꼭질

아득한 수평선
노을 고운 바다에
섬들의 숨바꼭질

부서지는 파도에
하얗게 잡히고도
숨어버린
섬들의 숨바꼭질

만경창파
바다에
잠수하며
숨바꼭질하는 섬들.

바다에
섬들의 숨바꼭질.

박하사탕

폭염에 지치고
열대야에 시달린 몸을
물로 달랜다

마시며 적시며
펴마셔도 들이켜도
개운함 없는 목마름

기억 속
툭 튀어 나오는
박하사탕.

꽃과 바람

숨소리 낮추며
살며시 오는
바람을
봄꽃은 숨길 수 없다.

바람은
소문보다 빨리
향기 띄우고 꽃잎 떨구어
봄꽃은 숨길 수 없다

꽃과 바람.

출근

아스팔트
등짝에 가득한
출근의 행렬

달도
출근을 안했는지
하얀 빈집이다.

안개비

안개비 자욱이
내리던 아침
갇혔던 햇살은
손짓하는데

튕겨도
튕겨도
안개비에 젖는
시린 그리움.

속잎

봄비에
물오른 나무
속잎 틔운다

새 색시
옥빛
속적삼이듯
비치는 속잎

나무 잎

꽃을 보낸
나무 잎이 예쁘다

꽃 보낸 아쉬움에
오는 잎을 잊고 있었다

소담한 꽃 뒤로
숨겨진 저 푸르름.

단풍

이번 주가
단풍이 절정이라는
호들갑에
따라나선 길

한 해 두 해
단풍도 아니건만
시큰둥
따라나선 길.

정말
단풍에 휘잡혀
온종일
끌려 다닌 하루.

산

곱던
가을 벗은 산이
하얀 가사를 입었다.

산은
계절을 알고

산에는
사철의 옷이 있다.

갑냇물

갑냇물이
낮달 품고
꿈을 꾸고 있다

부자 되는 꿈을 꾸고 있다

오락가락
민낯에
숨어버린 낮달

갑냇물 꿈은
꿈 아닌
현실이 되나보다.

초록이다

오는 계절 앞에
형형색색의 자태로
향연을 벌리는
꽃을
싹쓸이 하는 바람.

연둣빛 속적삼으로
겁 없이
일어서는 잎새

꽃으로 이름 받아
열매로 명성이
자자해도
잎은 초록.

이 바람
저 바람에
꽃도 열매도 꺾이고
흔들려 떨어져도
하나같이 잎은 초록이다.

지구촌 꽃집

샛노랑 은행잎
갈색으로 부서진다.

바람이 싸늘하다.

꽃집 앞에 머물던 발길
꽃집 깊숙이 들어섰다.

방긋방긋 꽃들이 눈을 맞추고
코끝 스치며 향기가 스며든다.

별스럽지도 않은 꽃이
시선을 잡고 늘어진다.

멀고 먼 추운나라에서
온 꽃이란다.

꽃들이 국경을 넘고
계절 모르고 피는 꽃집.

지구촌의 꽃집이다.

가을이 곱다

눈에 보이는
곳곳마다
가을이 와 있다.

산에도
들에도
가을이 곱다.

보랏빛 향기

멀리도
띄우는구나
그 작은 몸집으로

코끝 스치며
가슴 더듬는 향

너는
라일락 꽃
보랏빛 향기

봇도랑

싸늘한 바람 속에
촛불과 태극의 파도는
한겨울 추위가 저리도록 아파도
정유년 새해를 맞는다.

월력을 펼친다
곱게 내리는 봄비에
다소곳이 앉은 듯 일어서는
연둣빛 속잎을 본다.

도시에서는 볼 수도 없고
말조차도 들을 수 없는
봇도랑 물 흐름이 보인다.

혼란의 물결 속에
갈등하던 심기를 달래도
오순도순 가는 봇도랑 물결.

봄 햇살 물고는
조는 듯 물길 여는 봇도랑.

가을 정취

언뜻 먼빛으로 스치듯
지나쳐 버린 가을 들판이다.

낯선 들길이 바싹 다가온다
텅 빈 들판의 외침이 들린다.

가눌 수 없는 충동에
뛰쳐나와 취하도록 걷는다.

황옥의 가을 정취를 가슴에 품고
잡히지 않는 시간을 움켜 쥐고
척박한 땅에 땀방울 심는 농부

우리들 아버지이고 할아버지다.

농부가 사랑했던 땅에도
계절은 겨울잠 졸음을 내린다.

허리 꺾인 억새풀이 자장가
어석이며 하얀 안개를 피운다.

겨울꽃

겨울의 자존심
하얗게 몰려와
소복소복 쌓인다

겨울 가뭄
훌훌 벗고
피어나는 꽃

겨울꽃
하얀꽃
겨울 자존심.

여울목

아린 가슴에
쌓이는 그리움

그리움 속에
얄미움의 씨알

차분히 내리는
빗물의 행렬

불협화음
어울림이네

오늘의 여울목.

4부

흐르는 물이듯

생의 중반에 동강난 삶이 찾아와 울고 있다
가파른 삶의 길에 서러움 기웃거려 울고 있다
지나간 나날을 버텼다는 생존감에 울고 있다

오늘 같은 날

오늘 같은 날은

흔들어
깨우고 싶은
사람이 있다.

오늘 같은 날은.

나이 탑

신록이 무르익는 계절
오는 비가
아이들의 들길을 가로 막는다.

굽이 낮은
구두 한 켤레가 있기에
황급히
우산을 펼쳐들고 나섰다.

구두창 사이사이로 스며드는 빗물

찌걱찌걱 신경이 쓰인다.
으스스 몸이 떨린다.
떠날 줄 알았던 고뿔
되돌아와 치근덕거린다.

나이 탑에 몸부림이 걸린다.

철길의 봄

봄이 오는
길목을 깔고 앉아
아낙들이 봄을 판다.

냉이 쑥 벌금자리

봄은 내안에 성큼 들어와
내 어린날 추억을
숨바꼭질 한다

빼근한 나날에 찢기지 않았고
칠흑의 어둠에도 깔리지 않았던
고향의 어린날.

철길을 따라 간다.

웅석도
푸념도 함께 간다
푸근한 고향으로.

책

텅 빈 들 외로움에
어둠이 엄습하고

육이오 동족상잔의 비극은
남과 북이 총부리를 겨눠도
책이라면 독하게 읽었다

돌려줄 책이기에 읽었고
전개될 사항이 궁금해서 읽었다.

이렇게 돌려가며 읽던
앞장도 뒷장도 없던 헌책

전율의 전쟁도
달려오는 공허함도
바람처럼 날려 주었다.

책의 홍수 속에 살면서
편한 세상 젖은 게으름에
한발 물러선 부끄러움.

울고 있다

생의 중반에
동강난 삶이 찾아와
울고 있다

가파른 삶의 길에
서러움 기웃거려
울고 있다

지나간 나날을
버텼다는 생존감에
울고 있다

노을 물 먹은
고달픔이 고마워
울고 있다.

약

비둘기
콩 주워 먹듯
먹는다.

약이
약을 먹는다.

약이 되고.
독이 되고.

흐르는 물이듯

흐르는 물이듯 살어리
바위를 만나면 돌아가고
때로는 부딪쳐 부서져
되돌아와 한몸 되는
물이듯 살어리

흘러가는 천길 벼랑에선
몸 던져 속살 드러낸 폭포로
떨어지면 푸른 가슴으로 살어리

떠밀려 가는 길
강을 만나면 어우러져
도랑물 타고 오는 산빛 씻으며
하늘 품은 바다 되어 살어리
흐르는 물이듯 살어리.

욕심

창공에 가을햇살 도도한 날
외출에서 돌아오는 길
번쩍 눈에 띄는 무단을 본다.

크지도 작지도 않은 몸매
비취이듯 윗몸 곱고
하얀빛 옥이든 투명하다.

몸매 곱고 결고운 묵직한 무.

무는 인물값을 한다는
어머니 그 말씀이 귓전을 돌며
나를 흔들어 놓는다.

오락가락하던 발길 멈추며
덥석 무단 끌어안고 오는 길
천근만근 무거운 발길.

흐뭇함은 어디 가고
내 할 일 또 늘었다는 부담에
온몸이 쑤신다

몸은 버리지 못한 욕심
힐책하고 있다

꿀잠

몇 밤을
불면과 마주하며
어렵사리 얻은
꿀잠이다.

어렴풋한 그 모습

소스라치며
번쩍 눈을 떴다
놓쳐버린 꿀잠
달아난 꿀잠이다.

환청

무더위를 달래는
비 내리는 밤

소스라치게 놀라 일어났다

분명
초인종 울렸는데
빗소리만 요란하다

환청

이제는
보내고 잊어야할 미련

휘닉스의 밤

긴~긴~세월
맹렬한 태양 볕과 건조함에
버려졌던 애리조나 사막에
새롭게 이룩된 인공의 도시

냉대 받던 건조함이
최첨단 기술요지로
최상의 조건으로 선정된 휘닉스

버려진 땅이 최상의 조건으로 뒤바뀐
몽상도 할 수 없던 땅

지상의 파라다이스가 바로 여기이듯-
줄줄이 서있는 낭만의 야자수
너무나도 잘 어우러진 건물

변신하는 애리조나 사막에
새로움의 도시 휘닉스에도
어둠은 서서히 내려앉는다.

별빛 영글지 않은 초저녁
휘닉스 밤하늘 오가는
비행기 불빛
별처럼 빛나는

휘닉스의 밤.

그랜드 캐니언

선택 받은
사람만이 볼 수 있다는
신의 걸작 중의 걸작
그랜드 캐니언(Grand Canyon)

불혹의 중반 오월에는
자욱한 안개만 보고 왔다

이십여 세월이 흐른
이순에 또 다시 가는 길
가도 가도 끝없는 사막길에
부푼 꿈이 뒤틀렸다.

자연은 그 자체가 가지고 있는
세월의 무게만큼 엄숙했다.
수십억만 년을 깎고 다듬었기에
쉽게 노출하지 않았다.

제법 굵은 빗줄기가
차창에 줄타기를 하고 있다

준엄한 자연의 묵시에
선택의 날을 기도한다.

구두 수선집

자주 오가는 길 옆 간이음식점이
줄줄이 붙은 곳에 있는 듯 없는 듯
아주 작은 공간의 구두 수선집
혼자서도 몸놀림이 자유롭지 못한 공간에
광대뼈가 툭 삘기지고 눈이 움푹한 영감이
안경을 콧등에 걸고 구두를 수선하고 있다

때때로 허리를 펴고 싶음인지
담배 한 대 그리움인지
자라 목이듯 고개를 뻗어 길옆에 나와서
긴 긴 숨 몰아쉬며 한참을 행인들의 관상을
보고나서야 담배쌈지를 꺼내고
곰방대 입에 물고 부싯돌을 세차게 치면
깜짝 놀란 불똥이 튀어나와 곰방대에 꽃불 피운다

구두 수선 영감의 들이쉬고 내뿜는 숨결에
빨간 불꽃 지고나면 수많은 사연
낡은 쌈지에 쌓여 엎어지듯

좁은 공간을 메워도 영감의 가슴앓이
허공에서 자유롭다.

튀는 언어

춥고 배고팠던 시절
허리끈 졸라매고
일손을 놓을 수 없었던
습관은 나이를 잊은 채
겨우살이 준비로
화제가 어울려 진다

잘 준비된 월동 계획에
모든 것이 흐뭇한데
분위기가 껄끄럽다
선물이라는 두 자에
받은 사람은 갑이 되고
듣는 이는 을이 된 듯 했다

지금 우리사회는 갑질의
논란으로 뒤숭숭하다
튀는 언어는 귀에 거슬린다
사회 구석구석에 튀고 싶고
갑이 되고 싶은 마음이
미세 먼지이듯 숨통이 막힌다.

주전부리

먹을 것 다 먹고
흐뭇한 포만감에
양치까지 끝냈다

개운함도 포만감도 잠시
눈에 띄는 주전부리
망설임 없는 손길

주전부리와 입 사이를
왕복 달리기 한다
끈질긴 주전부리

미혹이다.

열병

며칠전 만났던 친구가
가까이 있는 듯 선하다

좀처럼 그 어떤 고통도 내색 없는 친구

얄밉도록
자기관리 철저하고
모든 것에
잘 견디고 버티더니

모처럼 만남에
사는게 힘들고 지겹다며
거침없이 뿌리던 말

얼마나 많은 날들을
참았다가 터지는 말인가
지칠대로 지쳐 스스로
자존심 흔들던 친구

열병을 앓아본 사람은
열병의 증세를 안다

어차피
무너져야 할 것은 무너져야
새로움이 싹트고 자리 잡는다

뾰족한 위로의 말도
상황의 대책도 찾지 못해
침묵했던 그날

오늘은 내 모든 지난 날 툭 털고
못난 자존심 쪼개면
답이 되고 약도 될 것만 같다.

무심천 벚꽃길

무심천*
둑길을 걷고 있다
가지가 휘도록
벚꽃이 피어있는 길

책가방 들고
무심천 벚꽃길

오락가락 몇몇 번 하니
육년이 훌쩍 가더라던 언니

야무지고 예쁘던 언니
그리움의
뚝길을 걷고 있다

마디 마디 저리도록
꽃을 피운 벚나무 아래
노란 개나리 어우러진 길

언니의 푸르던 날
추억의 길을 나는 걷고 있다
무심천 벚꽃 길.

* 충북 청주시에 있는 내

가버린 세월

예고도
경고도 없는 태풍

억척으로 버티니
훅 가버린 세월

짝퉁

정품은 들었다
내려놓았다

낯선 길
바람의 언덕

피고름 싸매고
곤두박질치던 날

그날의 짝퉁은
시집에 실었다.

송구영신

햇살이 쏘아버린 화살이
십이월 끝날을 뚫었다.

가는 해 아쉬움
달아나는 세월에 업히고

오는 해 뜻을 빚어
내공에 담을 송구영신

송구영신.

애상의 극복과 건강한 시심

— 곽우희 시인의 통사적 관점에서

문학평론가 리 헌 석
(사) 문학사랑협의회 이사장

1. 시 감상의 여로

곽우희 시인의 작품을 감상하며 가장 먼저 가슴을 두드린 것은 슬픔이었습니다. 통증이었습니다. 여인들이 겪었을 한(恨)을 모두 뭉쳐 놓아도 이보다 더할 수 없을 만큼, 함께 통곡하고 싶은 느낌이었습니다. 세월이 흘러도 시인이 겪었을 참담(慘憺)은 소멸되지 않으리라고 생각하며, 아픈 내면을 위로하고 싶었습니다.

떠나는 겨울에
아버지 가시니
오는 봄 기웃거림엔
그 사람이 가더라.

가슴앓이를 하얗게 싸매고
휘청이던 계절
목련꽃
이파리가 툭툭 떨어진다.

—「슬픈 계절」 일부

이 작품의 독서에 앞서 「실성한 듯 넘는다」를 먼저 읽어야 정서적 진실에 근접하게 됩니다. 〈친정아버지와 지아비를/ 삼십여 일 간격으로/ 숲속에 묻는다.//시리디 시린 차디찬 눈밭에/ 눈속에, 흙속에 묻는다.〉에서 생성된 시인의 절통한 정서를 공유할 수 있기 때문입니다. 〈악몽 아닌 현실/ 이승과 저승의 산마루// 삶의 고갯길로 들어선다.〉는 시인의 한탄에 같이 휘청이게 됩니다. 그리하여 〈무작정/ 가야만 하는 길을/ 통곡으로 넘는다.〉에 이르러 손을 잡고 같이 오열할 수밖에 없습니다.

'가슴앓이'는 '괴로움으로 마음을 앓는 상태이며, 고열이 나고, 송곳으로 가슴을 찌르는 것 같이 아픈 증상'입니다. 시인은 이렇게 아픈 형국이지만, 이를 꽁꽁 싸매고, 다른 사람들에게 엿보이지 않으려 애를 쓰기에 더욱 슬픕니다. 사랑으로 피어나야 할 봄에 목련꽃 이파리가 툭툭 떨어집니다. 떨어지는 목련꽃이야 자연의 섭리요 조화겠지만, 시인은 자신의 신체가 떨어지는 듯한 아픔에 젖습니다.

〈떨어진 꽃잎이/ 바람에 휘둘리니/ 첩첩으로 쌓이는/ 하얀 몸부림〉은 아버지와 지아비의 별세에 따른 망극한 정서일 터입니다. 그리하여 〈처절하게/ 내동댕이쳐진/ 너와 나의 슬픈 계절〉을 감내해야 합니다. 그렇지만 시인은 작품 「여전히 푸르고」에서

〈서러움의 길에도/ 겨울을/ 비집는 봄의 웅알이가/ 파릇파릇하다.〉며 애상(哀傷)을 극복해 나갑니다. 이는 슬퍼도 겉으로 슬퍼하지 않는다는 애이불비(哀而不悲)의 정서이며, 슬픔 속에서 푸른 사랑을 가꾸는 원동력이기도 합니다.

2. 아버지와 어머니

곽우희 시인은 1937년 7월 25일 충북 옥천에서 출생하여 성장합니다. 고향 옥천에서 초등학교와 중학교를 졸업한 시인은 대전사범학교와 대전여자고등학교의 입학시험에 학격하였으나, 최종 대전사범학교를 선택합니다. 이 학교에서 시인은 한성기 시인(당시 교사)과의 운명적 만남이 이루어집니다. 학창 시절에는 시와 문학에 별다른 관심을 보이지 않았지만, 후일 시인으로 등단하고 문단에 나서게 된 바탕에는 시인 한성기 선생의 배려가 있었기 때문입니다.

곽우희 시인이 시를 창작하여, 시인으로 등단하고, 시집을 발간한 재능은 부친으로부터 물려받은 것 같습니다. 시인의 부친 곽정길 선생(1899~1981)은 일본 강점기에 현대식 교육을 받은 인텔리였습니다. 1915년 옥천 죽향초등학교 졸업, 1918년 수원농림학교(서울대 농대) 본과 졸업, 1927년 일본 중앙대학교 법과대학 졸업 학력은 당시 최고의 지성인일 터입니다.

부친은 교육자와 공무원으로 봉직하였으며, 한문과 한시에 뛰어나 여러 권의 한문 저서를 발간한 분입니다. 1933년 『탄암유』 2권 1책, 1957년 『용촌 선생 실기』를 발간하였고, 사후에 후손들이 유고를 정리하여, 2006『화암 곽정길 한시 선집』을 발간하였습니다. 이 책의 미비한 점을 교정하여 2012년『한매 寒梅』를 발간합니다. 공직에서 물러난 후 옥천에서 기거하였지만, 대전의 석교동에 있는 '한시' 모임에 참석하면서 시문학 창작에 전심한 분입니다.

아버지 헛기침에
열리던 내 방문

하얀 창호지로
문풍지 재단하신다.

바늘 구멍으로
황소바람
들어오느니라

문풍지에 펼치시던
노을빛 사랑

—「아버지의 만추」 일부

'아버지가 늘 어려웠다.'고 회고하면서도, 시인은 12행 단형시에 노년의 아버지를 오롯하게 그려냅니다. 시인의 아버지는 고향 옥천을 떠나 나랏일을 담당합니다. 대구공립농업학교 교사, 청주공립농업학교 교사, 충북 영동군 군수, 제천군 군수, 충북도청 간부 공무원 등을 역임한 후 고향인 옥천으로 귀향(歸鄕)합니다. 고향에서도 옥천농업고등학교 교장, 옥천중학교 건립 초대 교장 등을 역임합니다. 공직에서 물러난 아버지의 세월을 시인은 바람에 시달리는 〈가을물 먹은 잎〉으로 수용합니다.

이러한 수용에 따른 일화(Episode)를 시에 담아냅니다. 〈아버지 헛기침에/ 열리던 내 방문〉은 당시 엄하였던 부친의 임재를 형상화한 부분입니다. 그렇게 엄하시던 아버지가 손수 〈하얀 창호지로/ 문풍지(를) 재단〉하시는 자애(慈愛)를 보여줍니다. 문풍지를 새로 만들어 붙이면서 〈바늘 구멍으로/ 황소바람/ 들어오느니라〉 속담을 통하여 둘째 딸을 염려합니다. 엄부(嚴父)의 이런 모습에 감격한 시인은 〈문풍지에 펼치시던/ 노을빛 사랑〉에 눈물을 글썽입니다.

〈아버지의 만추〉와 동질적 '가을'을 느끼게 하는 형상화는 「그 가을 저녁으로 가는 길」에서도 드러납니다. '가을' '저녁'이 주는 언어의 이미지와 함께 〈그해,/ 그 가을 저녁바람도 몹시 차가웠다〉와 일치하는 이미지를 형성합니다. 〈건너편 신호등 앞에서/ 바람과 마주서신 아버지/ 두루마기 앞자락 여미시며/ '어서 가라' 손 흔드시던 그 모습〉만 남기시고, 아버지는 '그 가을'을 지나 추운 겨울에 먼 길을 떠납니다.

태극 물결이 만세를 외치며
삼천리를 덮던 날
어머니는 말씀하셨다.

"나는
해방의 깊은 뜻은 모른다.
분명한 건 나도 해방이다.

'모시모시'에서의 해방이다.
내 나라 말로 전화를 할 수 있다는 거다."

언어의 억눌림에 시달리셨던 내 어머니.

—「그때 그 말씀」 일부

시인은 어머니(김갑경 여사)의 말씀을 간략하게 소개하면서, 1945년 8월 15일 광복을 맞은 날의 감격을 분명한 어조로 확인합니다. 어머니 한 분의 일화이지만, 이는 우리나라 온 백성의 해방이며, 억압에서 풀린 자유 민족으로서의 절실한 고백이기도 합니다. '모시모시'는 일본인들이 전화할 때, 우리의 '여보세요?' 정도의 상투어입니다. 이에서 해방되었다는 것은 일본으로부터의 광복을 의미합니다.

해방의 기쁨을 맞은 지 얼마 지나지 않아 6.25 민족 전쟁이 발발하자, 어머니의 일상은 형언할 수 없는 고통의 연속입니다. 〈새벽 일찍 일어나신 어머니/ 부석부석한 얼굴에 수심을 가득 담은/ 모습으로 꼭두새벽에 말씀 없이 나가셨다./ 온종일 기다려도 소식 없으신 어머니// 어둑어둑 땅거미 들며 동란의 공포가/ 늑대를 만난 듯 으스스 한데 들어오신 어머니/ 두 덩이의 곡식 자루가 쓰러지듯 놓인다.〉 이렇게 곡식자루를 내던지고 〈누에처럼 맨바닥에/ 몸을 맡기신다.〉 이를 본 가장(家長)의 아픈 가슴인지 〈어머니의 자리를 편하도록 만드시는 아버지〉의 모습에 슬픔이 고입니다.

곡식 두 덩어리를 가져오려면, 한 덩이를 일정 거리까지 날라놓고, 다시 돌아가 한 덩이를 이고 와야 합니다. 이런 반복이 여러

차례 이어져야 곡식 두 덩이가 집으로 운반됩니다. 〈목인들 오죽 아팠을까〉 〈얼마나 휘청이며 오셨을까〉 걱정하며, 〈이념이 요동치는 난중의 난을 홀로 겪으셨던 어머니〉를 묵상하며 시인은 정서적으로 오열합니다. 이와 같은 일화는 개인적 통증이기도 하지만, 우리 겨레의 아픔이라는 확산적 의미를 띠게 됩니다. 그래서 곽우희 시인의 작품을 감상할 때는 행간의 의미를 되새겨야 환하게 보입니다.

3. 시련과 극복 의지

대전사범학교를 졸업한 곽우희 시인은 2년 6개월간 고향의 삼양초등학교 교사로 봉직합니다. 그 사이에 사업가(임차웅, 동림산업 대표)와 결혼을 하게 되어 교육자의 꿈을 접습니다. 남편의 사업이 날로 번창하여 어려움 없이 자녀들의 육아와 교육에 전념합니다. 사회 활동도 왕성하여 사회단체의 간부와 친목단체의 대표를 역임하면서 삶의 전성기를 구가합니다. 1976년에는 '대전사범여자총동창회' 회장으로서 한성기 시인의 시화전을 개최하여, '은사를 존경할 줄 아는 사람'이라는 좋은 평판을 얻습니다.

그러나 행복하던 가정에 '부군의 별세'라는 불행이 닥칩니다. 그리하여 가정주부로 가정만을 돌보던 시인은 1981년부터 1987년까지 부군이 벌여놓은 사업을 승계하여 수습하기에 이릅니다. 이때 사업과 관련된 사람들의 무책임에 맞닥쳐 절망하기도 합니다. 이렇게 세상의 끝에 내몰리고, 정서적으로도 애통해하던 시기에 은사(恩師) 한성기 시인을 다시 만나, 1982년에 월간 『현대문학』에 작품 「돋보기」 「보랏빛 그림」 「목련」 등이 추천 완료되어 등단합니다. 문단에 데뷔한 후 1987년에 최종 사업에서 손을 떼고, 자녀 교육과 문학 창작에 나섭니다.

① 분명히
화가는 작품에서 붓을 놓았습니다.
그리고
아주 멀리 떠나갔습니다.

—「보랏빛 그림」 일부

② 누운 꽃잎은
어느새
반은 흑갈색이다.

나는
문득 지는 꽃에서 나를 발견하고
이미 저승에서
흙과 한타령이 되었을
그이를 본다.

—「목련」 종반부

③ 나는 학창시절의 은사님을 뵙고
〈중략〉
'햇빛의 돋보기'라는
그 분의 말씀은 짙게 다가오는데
햇빛은커녕
구름과 안개만이
가득한 나의 눈.

—「돋보기」 종반부

부친의 별세에 이은 남편의 별세, 시인에게는 하늘이 무너지고 땅이 꺼지는 형국이었을 터입니다. 그 연유로 이 시기에 창작한 작품에는 부군에 대한 정서가 중심을 이룹니다. 예를 든 등단작품 세 편 모두 상실에 의한 애상성을 주조(主調)로 합니다.

①에서 시인은 '엷은 보랏빛 그림'을 시적 대상으로 삼습니다. 사람들은 슈베르트의 미완성 교향곡처럼 미완성 그림인 줄 알고 있지만, 시인에게는 결코 미완성이 아닙니다. '엷은 보랏빛 그림'은 그 자체로 완성체이며, 다른 사람들의 평(評)이 구구하지만, '흰빛 감도는 보랏빛' 그림으로 충분합니다. 다른 사람들이 못내 아쉬워하는 그림일지라도, 시인에게는 그것만으로도 황홀한 그림입니다. 그림의 원관념은 '눈물로 흐려진 시인의 일상'으로 보이는데, 이러한 비유와 상징에 의하여 도달한 문학적 성취가 놀랍습니다.

②는 봄에 목련꽃이 지는 상황과 시인의 절망적인 입장을 비유하고 있습니다. 물기 먹은 대지에 떨어지는 꽃잎, 〈소복이 지겨워 고개 돌려 버린/ 나에게/ 백목련의 꽃잎 한 쪽이/ 어깨를 살금 스치며/ 발밑으로 떨어졌다.〉 〈뿔뿔이 흩어진 꽃잎은/ 내 황토 묻은 흰치마 꼬라지가 되어서/ 땅을 베고 눕는다.〉고 묘사합니다. 그 꽃잎에서 시인은 〈문득 지는 꽃에서 나를 발견하고/ 이미 저승에서/ 흙과 한타령이 되었을/ 그이〉를 연상합니다. ③에서도 유사한 형상화를 보게 됩니다. 〈이미 이승의 내 눈을/ 저승의 그이가 가져간 것〉과 같이 절망에 빠진 시인은 스승이 '햇빛의 돋보기'를 말씀하시는데도, 〈구름과 안개만이/ 가득한 나의 눈.〉이라는 절망적 상황으로 인식합니다. 이러한 절망은 시인으로 하여금 '환

청'에 시달리게 합니다.

무더위를 달래는
비 내리는 밤

소스라치게 놀라 일어났다

분명
초인종 울렸는데
빗소리만 요란하다

환청

이제는
보내고 잊어야할 미련.

—「환청」 전문

설명이 필요하지 않을 정도로 간결한 작품입니다. 어느 무덥던 날, 상쾌하게 쏟아지는 빗소리에 깜짝 놀라 일어납니다. 빗소리 속에 초인종 소리가 섞여 들린 것 같았는데, 일어나 보니 빗소리만 요란합니다. 초인종을 누르고 귀가하던 남편이 온 듯한 환청입니다. 시인은 이러한 환청 속에서 〈이제는/ 보내고 잊어야 할 미련.〉임을 깨닫습니다. 그래서 가슴에 묻어두었던 그를 잊어야겠다고 생각합니다. 이 작품은 간결하면서도 시인의 내면이 오롯하여 곽우희 시인의 대표작으로 분류해도 좋을 것 같습니다.

이러한 현상은 작품 「꿀잠」에서도 드러납니다. 〈몇 밤을/ 불면과 마주하며/ 어렵사리 얻은/ 꿀잠이다.// 어렴풋한 그 모습// 소스라치며/ 번쩍 눈을 떴다./ 놓쳐버린 꿀잠/ 달아난 꿀잠이다.〉에서 '잠을 이루지 못하는 상황'에서 어렵게 '꿀잠'이 들었는데 〈어렴풋한 그 모습〉의 남편이 보이는 것 같아서 〈소스라치며/ 번쩍 눈을 떴다.〉고 고백합니다.

아직도 빗소리에서 초인종 소리를 환청으로 들을 만큼, 그리고 어렴풋한 모습에서 놀라 눈을 뜰 만큼, 시인의 애상적 정서가 깊습니다. 그러나 시인의 원천적 내면에 녹아 있는 '푸름(靑, 혹은 綠)'의 정서가 아픔과 눈물을 깨끗이 씻어냅니다.

흐르는 물이듯 살어리
바위를 만나면 돌아가고
때로는 부딪쳐 부서져
되돌아와 한몸 되는
물이듯 살어리

흘러가는 길 천길 벼랑에선
몸 던져 속살 드러낸 폭포로
떨어지면 푸른 가슴으로 살어리

떠밀려 가는 길
강을 만나면 어우러져
도랑물 타고 오는 산빛 씻으며
하늘 품은 바다 되어 살어리
흐르는 물이듯 살어리.

—「흐르는 물이듯」 전문

'살어리'는 청산별곡의 '살어리랏다'에서 감탄형 어미 '랏다'를 생략한 것으로 '살(으)리' '살리라' 등의 '소망, 지향, 미래'를 나타내는 어조를 띱니다. 시인은 〈바위를 만나면 돌아가고/ 때로는 부딪쳐 부서져/ 되돌아와 한몸되는/ 물〉처럼 살기를 소망합니다. 흘러가는 천길 벼랑 폭포로 떨어지면서도 '푸른 가슴으로' 살고자 합니다. 〈강을 만나면 어우러져〉 산빛까지 깨끗이 씻으며 하늘을 품은 바다가 되고자 합니다. 바다에 이르러서는 흐르는 물이 아닐지라도, 늘 새롭게 흐르는 물이고자 합니다.

4. 고희(古稀) 여경(餘慶)

참담한 현실에 절망하던 곽우희 시인이 2006년 고희 전후에 마음을 비웁니다. 허정(虛靜)의 경지에 이르고자 작심하면서 먹구름이 흘러가고 경사가 꽃처럼 피어납니다. 2008년부터 2010년에 은사 한성기 시인을 기려 제정한 '한성기문학상' 운영위원회 위원장을 맡아 15회~17회 수상자 안명호 한문석 김두관 차달숙 정진석 등을 시상합니다. 이보다 조금 앞서 2002년부터 '대전금빛평생교육봉사단' 임원으로 봉사하며 아픔을 씻습니다.

2012년에 첫 시집 『여전히 푸르고』를 발간하여 출판기념회를 '유성관광호텔'에서 성대하게 개최합니다. 시인의 가슴에만 묻고, 영원히 내놓지 않으려고 하였으나 주위 친지들의 강권에 의해 발간한 시집입니다. 이 시집으로 2013년에 12회 정훈문학상 대상을 수상하게 되고, 수상의 인연으로 2014년부터 현재까지 소정 정훈 선생을 기려 제정한 '정훈문학상' 운영위원회 위원장을 맡아 봉사

합니다. 이어 2018년에 2시집 『어머니의 수채화』를 발간합니다. 등단 30년 이상인 원로를 선정하여, 대전문화재단에서 지원해 발간하는 시집이이어서 특별한 의미가 있습니다.

이와 같은 노년의 다경(多慶)은 그야말로 천복이라 하겠습니다. 자녀 1남 3녀도 모두 성공한 인물로 장성합니다. 그래서 시인은 생활의 평강과 정서적 안정을 찾습니다.

> 음악이 조용히 흐르고
> 커피 향 은은한 찻집
> 벽시계의 은침은
> 정오를 넘어 섰다.
>
> 자주는 아니지만, 가끔
> 그와 내가 마주 앉았던 자리
> 혼자 있자니
> 울컥 설움이 치받는다.
>
> 얼마쯤일까
> 엄마 소리 연발하며
> 들어서는 아이들
> 서러움 녹이는 해오름.
>
> —「해오름」 전문

시인의 과거와 현재, 그리고 미래가 압축되어 있는 작품입니다. 1연은 현재의 편안한 상황이며, 2연에서는 설움의 객체와 함께 왔던 자리여서 정서적 폭발을 형상화합니다. 울음이 터질 상황에 이르렀을 때, 아이들이 '엄마'를 부르며 들어섭니다. 이 상황을 시인은 〈서러움 녹이는 해오름〉으로 승화시킵니다. 슬픔을 극복하는 데 자녀들이 주요한 역할을 하였을 터이며, 이들과 보내는 시인의 여생(餘生)은 일출처럼 환하게 열릴 것 같습니다.

어둠의 터널을 지나느라 정서적으로 고통스러웠을 과거를 털고, 자녀들과 함께 행복한 나날을 보내리라 믿습니다. 간혹 울컥 울컥 설움이 일어나겠지만, 그 설움은 충분히 극복될 것이며, 그런 정서와 사색으로 감동적인 작품을 빚으리라 기대합니다. 이제 산수(傘壽)를 넘기셨으니, 연년익수(年年益壽)를 기원하며, 작품 감상의 여정(旅程)을 접습니다.

어머니의 수채화

곽우희 시집

발 행 일 | 2018년 1월 25일
지 은 이 | 곽우희
발 행 인 | 李憲錫
발 행 처 | 오늘의문학사
출판등록 | 제55호(1993년 6월 23일)
주 소 | 대전광역시 동구 대전로 867번길 52(한밭오피스텔 401호)
전화번호 | (042)624-2980
팩시밀리 | (042)628-2983
전자우편 | hs2980@hanmail.net
카 페 | cafe.daum.net/gljang(문학사랑 글짱들)
cafe.daum.net/art-i-ma(아트매거진)

공 급 처 | 한국출판협동조합
주문전화 | (070)7119-1752
팩시밀리 | (031)944-8234~6

ISBN 978-89-5669-889-2
값 15,000원

* 이 책은 대전광역시 와 대전문화재단 에서 사업비 일부를 지원받았습니다.